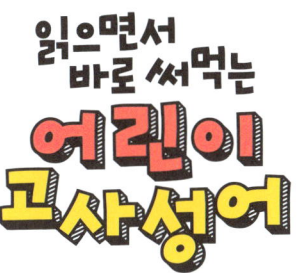

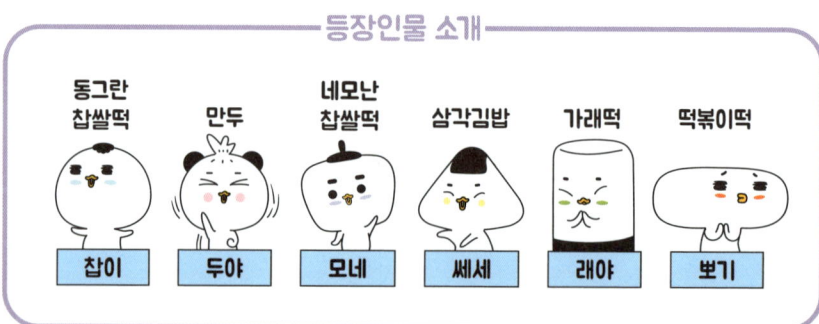

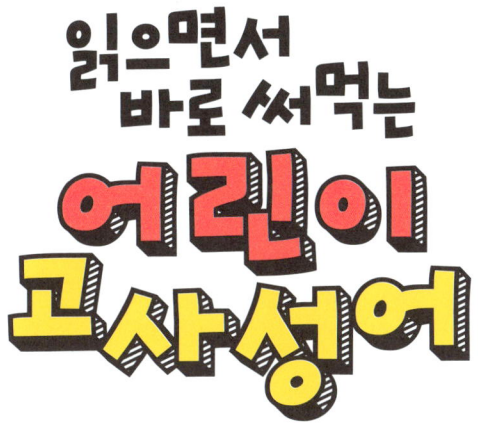

글·그림 한날

작가의 말

　일상에서 많이 쓰이고 있는 속담과 관용구. 여러분은 속담과 관용구처럼 조상의 지혜가 담긴 다른 말을 알고 있나요? 무엇인지 잘 떠오르지 않는다고요? 그건 바로 옛이야기에서 유래한 고사성어예요. 속담과 관용구처럼 고사성어도 알게 모르게 우리 생활 속에서 자주 사용되고 있어요. 하지만, 의외로 고사성어를 쓰면서도 그 정확한 뜻을 물으면 대답하지 못하는 경우가 많지요.
　그래서 여러분이 헷갈리지 않고 고사성어를 제대로 쓸 수 있으면 얼마나 좋을까 하는 생각으로 《읽으면서 바로 써먹는 어린이 고사성어》의 그림을 그리기 시작했어요. 한자 네 자로 이루어진 고사성어의 의미에 맞춰 이야기를 하나하나 그려 가다 보니, 엄청난 보물상자를 여는 것 같아 무척이나 가슴이 두근거렸어요.
　이번 책에도 말랑말랑 귀여운 참이 패밀리가 그 보물상자에서 튀어나와 다양한 이야기를 함께 풀어 나갈 거예요. 캐릭터들이 다양한 상황에서 재미있게 고사성어를 사용하는 모습을 그리다 문득 이 책을 읽은 친구들이 학교나 놀이터에서 고사성어를 쓰며 친구들과 이야기하는 모습이 떠올랐어요. 고사성어를 잘 모르는 친구에게는 의미도 알려 주면서 말이죠. 어린이 속담, 어린이 관용구에 이어 어린이 고사성어를 그리며 더욱더 힘을 낼 수 있었던 이유이기도 해요.

아기가 첫발을 떼어야 걸을 수 있는 것처럼 모든 일에는 시작이 있어요. 한자를 잘 몰라 고사성어가 어렵게 느껴질 수도 있지만, 재미있게 읽고 또 읽다 보면 어느새 상황에 맞는 고사성어가 나도 모르게 입에서 툭 튀어나와 깜짝 놀라게 될 거예요.

이번 《읽으면서 바로 써먹는 어린이 고사성어》를 그리면서 여러분이 좀 더 재미있고 쉽게 이해할 수 있었으면 좋겠다는 마음을 담아 즐겁게 하루하루 그리다 보니 어느새 책이 완성되었어요. 친구들도 그런 마음으로 이 책을 읽었으면 하는 바람이에요.

책이 출간되는 동안 도와주신 많은 분께 고마움을 전하며, 또 다른 즐거운 책으로 여러분을 만날 수 있기를 고대합니다.

한날

차례

ㄱ ㄴ ㄷ

- 01 각골난망 · 12
- 02 각양각색 · 14
- 03 감언이설 · 16
- 04 개과천선 · 18
- 05 격세지감 · 20
- 06 견물생심 · 22
- 07 결초보은 · 24
- 08 고진감래 · 26
- 09 과유불급 · 28
- 10 괄목상대 · 30
- 11 군계일학 · 32
- 12 권선징악 · 34
- 13 금상첨화 · 36
- 14 금시초문 · 38
- 15 기사회생 · 40
- 16 난형난제 · 42
- 17 노심초사 · 44
- 18 다다익선 · 46
- 19 다사다난 · 48
- 20 다재다능 · 50
- 21 대기만성 · 52
- 22 동고동락 · 54
- 23 동문서답 · 56
- 24 동상이몽 · 58
- 25 두문불출 · 60

ㅁ ㅂ ㅅ

- 26 마이동풍 · 64
- 27 막상막하 · 66
- 28 명실상부 · 68
- 29 무용지물 · 70
- 30 박장대소 · 72
- 31 배은망덕 · 74
- 32 백골난망 · 76
- 33 백전백승 · 78
- 34 비몽사몽 · 80
- 35 사리사욕 · 82
- 36 사면초가 · 84
- 37 사생결단 · 86
- 38 사필귀정 · 88
- 39 살신성인 · 90
- 40 삼고초려 · 92
- 41 새옹지마 · 94
- 42 선견지명 · 96
- 43 설상가상 · 98
- 44 소탐대실 · 100
- 45 속수무책 · 102
- 46 수수방관 · 104
- 47 시기상조 · 106
- 48 신출귀몰 · 108
- 49 심사숙고 · 110
- 50 십중팔구 · 112

ㅇ

51 어부지리 · 116	59 우왕좌왕 · 132	67 일거양득 · 148
52 역지사지 · 118	60 우유부단 · 134	68 일장춘몽 · 150
53 오리무중 · 120	61 우이독경 · 136	69 일취월장 · 152
54 오매불망 · 122	62 위풍당당 · 138	70 임기응변 · 154
55 온고지신 · 124	63 유비무환 · 140	71 임전무퇴 · 156
56 와신상담 · 126	64 이심전심 · 142	72 입신양명 · 158
57 외유내강 · 128	65 인과응보 · 144	
58 용두사미 · 130	66 인산인해 · 146	

ㅈㅊㅌㅍㅎ

73 자업자득 · 162	83 지피지기 · 182	93 풍비박산 · 202
74 자포자기 · 164	84 천고마비 · 184	94 풍전등화 · 204
75 작심삼일 · 166	85 청출어람 · 186	95 학수고대 · 206
76 적반하장 · 168	86 초지일관 · 188	96 함흥차사 · 208
77 전화위복 · 170	87 촌철살인 · 190	97 형설지공 · 210
78 조삼모사 · 172	88 칠전팔기 · 192	98 호시탐탐 · 212
79 좌정관천 · 174	89 침소봉대 · 194	99 화룡점정 · 214
80 좌충우돌 · 176	90 타산지석 · 196	100 희로애락 · 216
81 주객전도 · 178	91 토사구팽 · 198	
82 죽마고우 · 180	92 파죽지세 · 200	

01 각골난망
02 각양각색
03 감언이설
04 개과천선
05 격세지감
06 견물생심
07 결초보은
08 고진감래
09 과유불급
10 괄목상대
11 군계일학
12 권선징악
13 금상첨화
14 금시초문
15 기사회생
16 난형난제
17 노심초사
18 다다익선
19 다사다난
20 다재다능
21 대기만성
22 동고동락
23 동문서답
24 동상이몽
25 두문불출

01 刻骨難忘 각골난망

한자의 음과 뜻

새길 각 / 뼈 골 / 어려울 난 / 잊을 망

남에게 입은 은혜가 뼈에 새길 만큼 크다는 뜻으로, 감사하는 마음을 전할 때 사용해요. 내가 힘들 때 친구에게 도움을 받았다면 나도 그 친구 또는 다른 친구가 힘들 때 도움을 줄 수 있는 친구가 되어야 해요.

02 各樣各色
각양각색

한자의 음과 뜻

각각 **각** / 모양 **양** / 각각 **각** / 빛 **색**

여러 가지 모양과 여러 가지 빛깔이라는 뜻으로, 모든 것이 다름을 말해요. 교실에 있는 친구들을 둘러보세요. 얼굴, 머리 모양, 키, 피부색, 목소리 등 저마다 개성을 가지고 다르게 생겼지요.

03 甘言利說
감언이설

한자의 음과 뜻
달 감 / 말씀 언 / 이로울 리(이) / 말씀 설

달콤한 말이나 이로운 조건으로 다른 사람을 꾀는 말로 거짓말과 같아요. 내가 원하는 것을 얻으려 달콤한 말로 다른 사람을 속이려 하거나 다른 사람이 나를 속이려고 하는 달콤한 말에 넘어가서는 안 되겠지요.

04 개과천선 改過遷善

한자의 음과 뜻
고칠 개 / 지날 과 / 옮길 천 / 착할 선

과거의 잘못을 고쳐 올바르고 착하게 되었다는 뜻이에요. 사람은 원래 모두 착한 마음을 가지고 있다고 해요. 잠깐 생각을 잘못해서 나쁜 일을 했더라도 잘못을 뉘우치고 고치면 누구나 다시 착해질 수 있어요.

05 격세지감 隔世之感

한자의 음과 뜻
사이 뜰 격 / 세상 세 / 갈 지 / 느낄 감

많은 변화를 겪어 몰라보게 변하여 다른 세상처럼 느껴지는 감정을 말해요. 눈으로 보이는 세상과 함께 부모와 자식 간에 느끼는 세대 차이에서도 이런 감정을 느낄 수 있어요.

06 見物生心
견물생심

한자의 음과 뜻
볼 견 / 물건 물 / 날 생 / 마음 심

물건을 보면 그것을 가지고 싶은 욕심이 생긴다는 뜻이에요. 길을 걷다가 만원이 바닥에 떨어진 걸 보게 되었어요. 당연히 경찰서에 가져다주어야 한다고 생각하지만, 왜 자꾸 내가 사고 싶은 물건들이 떠오를까요?

結草報恩
결초보은

한자의 음과 뜻
맺을 결 / 풀 초 / 갚을 보 / 은혜 은

죽어서도 은혜를 잊지 않고 꼭 갚는다는 뜻이에요. 요즘 사람들은 빠르게 돌아가는 세상 속에서 고마움을 쉽게 잊곤 해요. 매일 나와 함께하는 가족, 선생님, 친구들에게 오늘은 고마움을 표현해 봐요.

08 苦盡甘來 고진감래

한자의 음과 뜻
쓸 고 / 다할 진 / 달 감 / 올 래(내)

쓴 것이 다하면 단 것이 온다는 뜻으로, 고생 끝에 좋은 일이 온다는 말이에요. 두발자전거를 처음 배울 때는 균형을 잡지 못해 많이 넘어져요. 하지만 몇 번이고 반복하다 보면 어느새 쌩쌩 달리게 되지요.

09 過猶不及
과유불급

한자의 음과 뜻

지나칠 과 / 오히려 유 / 아닐 불 / 미칠 급

지나친 것은 미치지 못하는 것과 같다는 뜻으로, 달리기에서 이기고 싶어 친구를 일부러 밀어서 넘어지게 한다거나 밤을 새워 공부를 하다가 건강을 잃게 되는 것처럼 적정선을 잘 지켜야 한다는 말이에요.

10 刮目相對
괄목상대

한자의 음과 뜻
긁을 괄 / 눈 목 / 서로 상 / 대할 대

눈을 비비고 상대를 다시 볼만큼 눈에 띄게 학식이나 재주가 나아졌다는 말이에요. 줄넘기를 10개도 못 넘던 동생이 매일 열심히 연습하더니 이제는 음악에 맞춰 줄넘기로 춤을 추게 되었어요. 대단하죠?

11 군계일학

群鷄一鶴

한자의 음과 뜻
무리 군 / 닭 계 / 한 일 / 학 학

닭의 무리 중 한 마리의 학이란 뜻처럼 평범한 사람들 가운데 가장 뛰어난 사람을 말해요. 보통 뛰어난 외모로 다른 사람들 사이에서 돋보이는 모습을 비유하는 말로 사용해요.

— 얘들아, 내가 진짜 맛있는 와플 가게 소개해 줄게.

— 얼마나 맛있길래?

— 그 와플 가게는 벨기에 정통 수제 와플이란 말이야!

— 가격까지 싸서 주변 와플 가게 중 단연 군계일학이라고.

— 우와~, 맛있겠다.

— 빨리 가자!

12 勸善懲惡
권선징악

한자의 음과 뜻
권할 권 / 착할 선 / 징계할 징 / 악할 악

착한 일을 권하고 악한 일을 벌한다는 뜻이에요. 전래동화 흥부와 놀부를 보면 제비 다리를 고쳐 준 착한 흥부는 상을 받게 되고, 일부러 제비 다리를 부러뜨린 욕심쟁이 놀부는 벌을 받게 된답니다.

13 錦上添花 금상첨화

한자의 음과 뜻
비단 금 / 위 상 / 더할 첨 / 꽃 화

비단 위에 꽃을 더한다는 뜻으로, 좋은 것 위에 또 좋은 것이 더해져 매우 좋다는 말이에요. 크리스마스에는 산타할아버지와 부모님께 선물을 받을 수 있어서 너무 좋아요. 이게 바로 금상첨화겠죠?

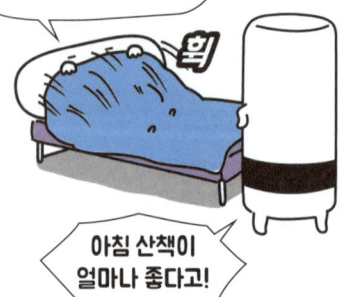

今時初聞
금시초문

한자의 음과 뜻
이제 금 / 때 시 / 처음 초 / 들을 문

지금 처음으로 듣는다는 뜻으로 어떤 소문이나 사실을 처음 듣고 어이없어하거나 놀라는 상황에 자주 사용해요.

起死回生
기사회생

한자의 음과 뜻

일어날 기 / 죽을 사 / 돌아올 회 / 날 생

죽었다가 다시 살아난다는 뜻으로, 위기 상황에서 어떤 계기로 그 상황을 벗어나 상황이 다시 좋아진다는 말이에요. 졌다고 생각한 경기에서 마지막 선수가 역전 시켰을 때가 바로 이런 때겠죠?

16

難兄難弟
난형난제

한자의 음과 뜻
어려울 난 / 형 형 / 어려울 난 / 아우 제

형이라 하기도 어렵고 아우라 하기도 어렵다는 뜻으로, 두 대상의 재능과 학식이 비슷하여 잘하고 못함을 가리기 힘들다는 말이에요. 이 말은 수준이 비슷한 두 대상을 비교할 때 사용해요.

勞心焦思
노심초사

한자의 음과 뜻

일할 로(노) / 마음 심 / 탈 초 / 생각 사

몹시 마음을 쓰며 속을 태운다는 뜻으로, 어떤 일에 안 좋은 결과를 얻을까 하여 걱정하는 마음을 말해요. 시험 결과를 기다린다거나 어떤 생각에 깊이 빠져 답을 찾을 수 없을 때 자주 사용해요.

18. 多多益善 다다익선

한자의 음과 뜻
많을 다 / 많을 다 / 더할 익 / 착할 선

많으면 많을수록 더욱 좋다는 뜻이에요. 나쁜 것이 많다고 좋아할 사람은 없을 거예요. 나에게 이로운 것, 도움이 되는 것이 많을수록 좋다는 말이에요. 하지만 많은 친구보다 진정한 친구 한 명이 더 소중해요.

19

多事多難
다사다난

한자의 음과 뜻
많을 다 / 일 사 / 많을 다 / 어려울 난

일도 많고 어려움도 많다는 뜻으로, 여러 일로 정신없이 지나간 시간을 회상할 때 많이 사용해요. 연말이나 연초에 가장 많이 듣는 말이기도 하지요. '다사다난했던 한 해를 마무리하며…'처럼 말이에요.

多才多能
다재다능

한자의 음과 뜻

많을 다 / 재주 재 / 많을 다 / 능할 능

재주가 많고 능력이 뛰어나다는 뜻으로 여러 방면에서 뛰어난 능력을 갖춘 사람을 말해요. 요즘 친구들을 보면 공부도 잘하고, 운동도 잘하고, 발표도 잘하고, 놀기도 잘해요. 정말 대단해요.

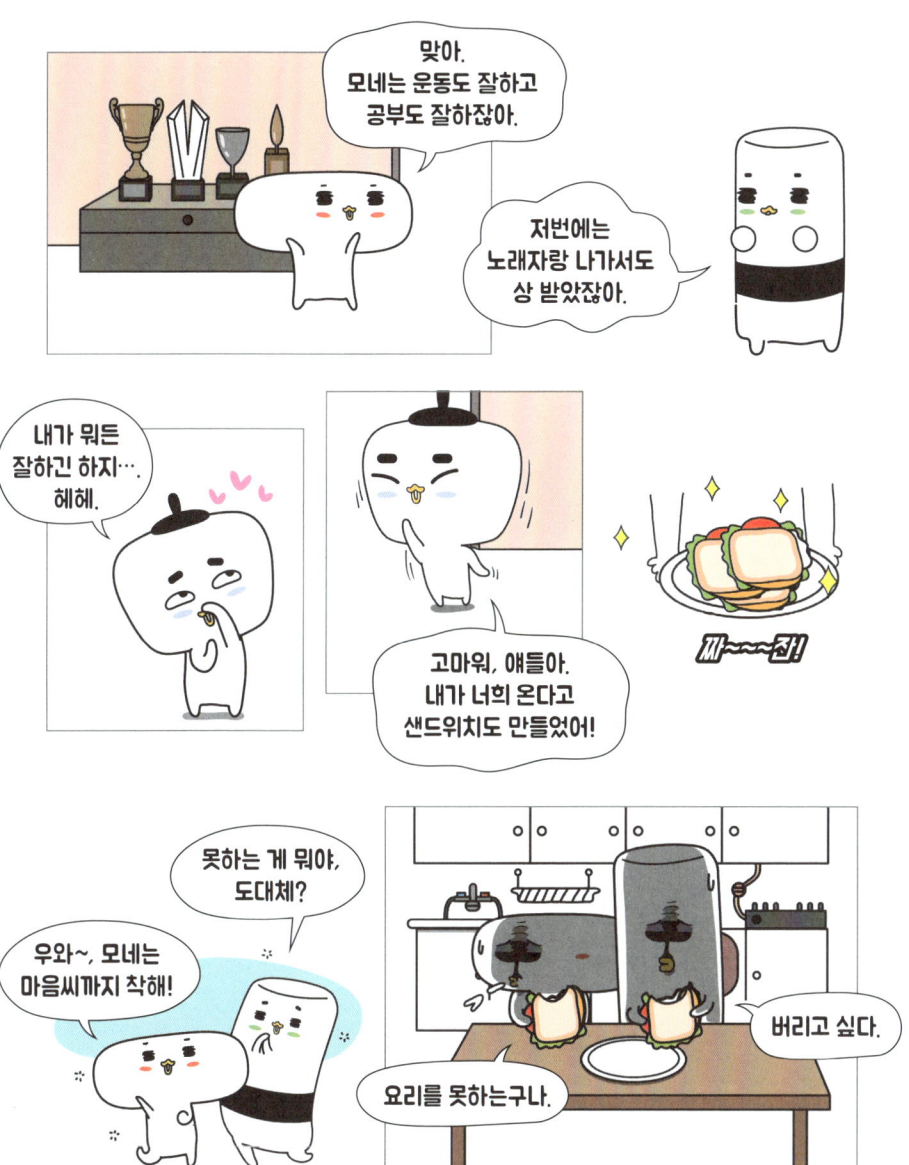

大器晚成
대기만성

한자의 음과 뜻

큰 대 / 그릇 기 / 늦을 만 / 이룰 성

큰 그릇을 만드는 데는 시간이 오래 걸린다는 뜻으로, 크게 될 사람도 그만큼 많은 노력과 시간이 필요해 늦게 이루어진다는 말이에요. 생각만으로 꿈이 이루어지는 게 아니라 끝없는 노력으로 꿈은 이루어져요.

터벅 터벅

오잉?

찹이야, 무슨 일 있어?

우리 반 오늘 성적표 받았잖아.

응. 그런데 그게 왜?

22 同苦同樂
동고동락

한자의 음과 뜻
같을 동 / 쓸 고 / 같을 동 / 즐길 락(낙)

괴로움과 즐거움을 함께한다는 뜻으로, 보통 힘든 시기를 함께한 사람끼리 끈끈한 정을 담아 표현할 때 사용해요. 1년 동안 함께 배우고, 웃고, 떠들며 동고동락하던 친구들이 새 학년이 되면 그리울 거예요.

23 東問西答
동문서답

한자의 음과 뜻
동녘 동 / 물을 문 / 서녘 서 / 대답 답

동쪽을 물으니 서쪽을 답한다는 뜻으로, 질문과 전혀 상관없는 엉뚱한 대답을 한다는 말이에요. 배고프다고 간식을 달라는 친구들에게 엄마는 왜 '숙제했어?' 하고 질문을 할까요? 참 이상하죠?

24 同牀異夢
동상이몽

한자의 음과 뜻

같을 동 / 평상 상 / 다를 이(리) / 꿈 몽

같은 잠자리에서 다른 꿈을 꾼다는 뜻으로, 겉으로는 같이 행동하는 것처럼 보이지만 속으로는 각자 다른 생각을 하고 있다는 말이에요. 한 목표를 이루기 위해서는 같은 생각을 가지고 같이 행동해야겠지요.

25 杜門不出 두문불출

한자의 음과 뜻

막을 두 / 문 문 / 아닐 불 / 날 출

문을 막고 나가지 않는다는 뜻으로, 집에만 있고 밖으로 나가지 않는다는 말이에요. 옛날 선비들은 과거를 준비하며 스스로 밖에 나가지 않았다고 해요. 큰 목표를 세우고 그것을 이루기 위한 노력이었어요.

26 **마이동풍**	35 **사리사욕**	44 **소탐대실**
27 **막상막하**	36 **사면초가**	45 **속수무책**
28 **명실상부**	37 **사생결단**	46 **수수방관**
29 **무용지물**	38 **사필귀정**	47 **시기상조**
30 **박장대소**	39 **살신성인**	48 **신출귀몰**
31 **배은망덕**	40 **삼고초려**	49 **심사숙고**
32 **백골난망**	41 **새옹지마**	50 **십중팔구**
33 **백전백승**	42 **선견지명**	
34 **비몽사몽**	43 **설상가상**	

26 馬耳東風 마이동풍

한자의 음과 뜻
말 마 / 귀 이 / 동녘 동 / 바람 풍

말의 귀를 스치는 동풍이라는 뜻으로, 스치는 바람처럼 다른 사람의 말을 흘려듣는다는 말이에요. 다른 사람과 이야기할 때는 눈을 맞추고 귀를 쫑긋 세워 들어야 해요. 말하기보다 더 중요한 것이 듣기랍니다.

빨리 나와. 산에 곤충 채집하러 가자!

내가 제일 많이 잡을 거야!

우리 여기로 들어가자!
거기로 들어가면 안 돼! 위험하단 말이야.
안 돼! 안 돼!

27 막상막하 莫上莫下

한자의 음과 뜻
없을 막 / 위 상 / 없을 막 / 아래 하

위와 아래를 구별할 수 없다는 뜻으로, 비슷한 실력을 갖춰 더 잘하고 못함을 가리기 힘들다는 말이에요. 달리기에서 결승선을 동시에 밟은 두 선수처럼 누가 먼저인지 모를 때 사용해요.

名實相符
명실상부

한자의 음과 뜻
이름 명 / 열매 실 / 서로 상 / 부호 부

이름과 실제 상황이 같다는 뜻으로, 사람들에게 알려진 대로 실제 능력도 뛰어나다는 말이에요. 입에서 입으로 이어지는 소문은 실제보다 과장되게 마련인데, 만약 실력이 소문과 같다면 칭찬받아 마땅하겠죠?

여기가 아이스링크구나.

얘들아~ 나 한 바퀴 돌고 올게.

우와! 쎄쎄 정말 잘 탄다!

엄청나게 빨라!

명실상부 우리 중 제일 스케이트를 잘 탈 거야.

無用之物
무용지물

한자의 음과 뜻

없을 무 / 쓸 용 / 갈 지 / 물건 물

쓸모없는 물건이나 사람이라는 뜻으로, 어떤 물건을 가지고 있지만 사용법을 몰라 쓸 수 없다거나 다른 것이 더 있어야 쓸 수 있을 때 사용해요. 가지고 있지만 나에게는 쓸모없는 짐과 같아요.

拍掌大笑
박장대소

한자의 음과 뜻

칠 박 / 손바닥 장 / 큰 대 / 웃음 소

손뼉을 치며 크게 웃는다는 뜻으로, 매우 즐거운 모습을 비유한 말이에요. 때때로 즐거움이 넘쳐 옆 사람을 때리며 웃는 사람이 있어요. 이런 행동은 과해지면 도리어 다른 사람의 기분을 망칠 수 있으니 주의해요.

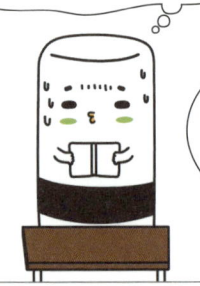

31 背恩忘德 배은망덕

한자의 음과 뜻
배반할 배 / 은혜 은 / 잊을 망 / 클 덕

은혜를 잊고 그 사람을 배신한다는 뜻이에요. 큰 믿음으로 신뢰했던 사람이 어느 순간 뒤돌아서 배신한 것으로 '뒤통수를 맞다.'는 관용구와 같은 의미예요.

뽀기가 왜 저렇게 뾰로통해 있지?

뽀기야, 무슨 일 있어?

실은 말이야!

래야가 혼자 심심하다고 같이 놀아 달라길래 숙제도 미루고 같이 놀아 줬거든.

白骨難忘
백골난망

한자의 음과 뜻
흰 백 / 뼈 골 / 어려울 난 / 잊을 망

백골이 되어도 잊을 수 없다는 뜻으로, 죽어서도 잊지 못할 만큼 큰 은혜를 입어 고마움을 표현하는 말로 사용해요. 은혜라고 하면 대단해 보이지만, 친구끼리 서로 돕는 것도 작은 은혜라고 할 수 있어요.

33 百戰百勝 백전백승

한자의 음과 뜻
일백 백 / 싸움 전 / 일백 백 / 이길 승

백 번 싸워 백 번 모두 이긴다는 뜻으로, 모든 싸움에서 이긴다는 말이에요. 모든 싸움에서 이기려면 힘이 좋아야 하고, 전략도 좋아야 해요. 하지만 그보다 더 중요한 것은 상대를 정확하게 보는 눈이랍니다.

34 비몽사몽

非夢似夢

한자의 음과 뜻
아닐 비 / 꿈 몽 / 닮을 사 / 꿈 몽

잠에서 막 깨어나 꿈인지 현실인지 구분이 안 되는 정신이 흐릿한 상태를 말해요. 아침에 눈을 뜨면 벌떡 일어나 이런 상태에서 빨리 벗어나야 해요. 5분만 5분만 하다 현실에서 지각할 테니까요.

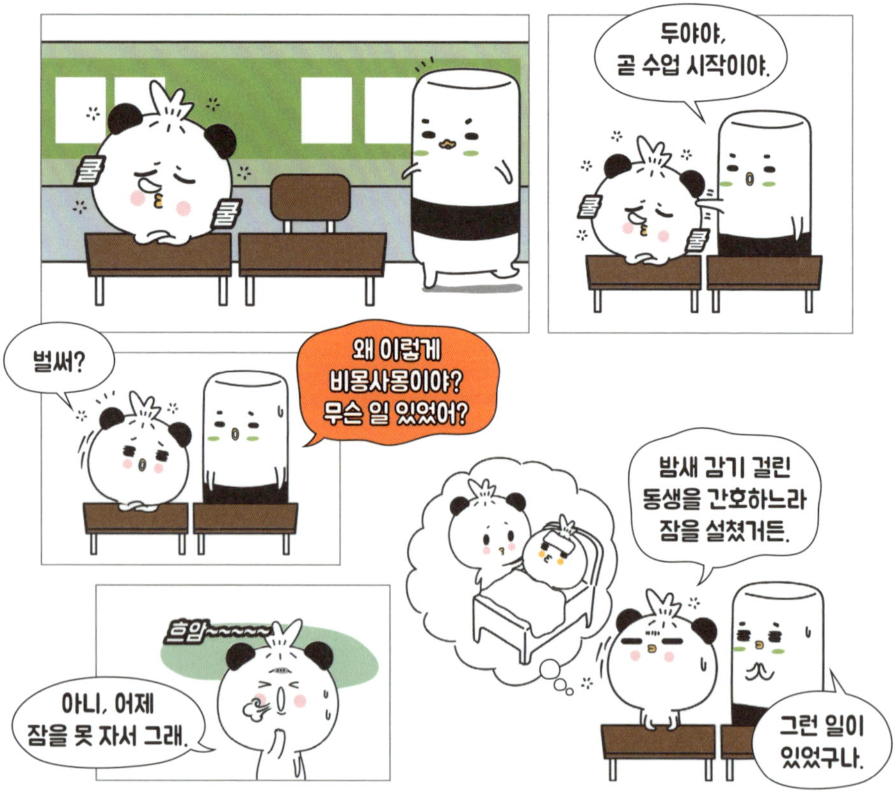

- 두야야, 곧 수업 시작이야.
- 벌써?
- 왜 이렇게 비몽사몽이야? 무슨 일 있었어?
- 흐암~~~~
- 아니, 어제 잠을 못 자서 그래.
- 밤새 감기 걸린 동생을 간호하느라 잠을 설쳤거든.
- 그런 일이 있었구나.

私利私慾
사리사욕

한자의 음과 뜻

사사 사 / 이로울 리(이) / 사사 사 / 욕심 욕

사사로운 이익과 욕심이라는 뜻으로, 개인적인 이익과 욕심을 말해요. 사람은 누구나 개인의 욕구를 가장 중요하게 생각해요. 하지만 공적인 이익을 위해서는 때때로 자신의 욕구를 참아야 할 때도 있어요.

四面楚歌
사면초가

한자의 음과 뜻

넉 사 / 낯 면 / 초나라 초 / 노래 가

사방에서 들리는 초나라의 노래라는 뜻으로, 아무에게도 도움을 받을 수 없는 곤란한 상황을 말해요. '호랑이에게 물려 가도 정신만 차리면 산다.'는 속담처럼 힘든 상황에서는 더욱 정신을 바짝 차려야 해요.

37 死生決斷
사생결단

한자의 음과 뜻
죽을 사 / 날 생 / 결단할 결 / 끊을 단

죽고 사는 것을 생각하지 않고 끝장을 보려 한다는 말로, 어떤 목표를 꼭 이루겠다는 큰 결심이나 의지를 표현할 때 사용해요. 목숨을 걸 정도라니 그 의지가 정말 대단하지요.

사필귀정

事必歸正

한자의 음과 뜻

일 사 / 반드시 필 / 돌아갈 귀 / 바를 정

모든 일은 반드시 올바른 방향으로 돌아간다는 뜻이에요. 경쟁심에 반칙까지 쓰며 이기려 하면 처음에는 이기는 것처럼 보이지만, 결국에는 그 반칙 때문에 지게 되는 거예요. 언제나 정의가 승리해요.

39 살신성인

殺身成仁

한자의 음과 뜻
죽일 살 / 몸 신 / 이룰 성 / 어질 인

자기 몸을 희생해 좋은 일을 한다는 말로, 위험하거나 어지러운 상황에서 자신을 희생해 사람을 구하거나 공익을 위해 행동할 때 사용해요. 이처럼 남을 먼저 생각하고 행동하기 위해서는 큰 용기가 필요해요.

40 三顧草廬
삼고초려

한자의 음과 뜻
석 삼 / 돌아볼 고 / 풀 초 / 농막집 려(여)

제갈량을 군사로 들이기 위해 유비가 제갈량의 집을 세 번이나 찾아간 이야기에서 유래했어요. 능력 있는 사람을 데려오기 위해서는 끈기와 참을성을 가지고 노력해야 한다는 말이에요.

오잉??

모네야, 너 왜 뽀기 집 앞에서 그러고 있어?

실은, 내일 미술 수업 있잖아. 그래서 뽀기한테 같은 팀을 해 달라고 하려고.

塞翁之馬
새옹지마

한자의 음과 뜻

변방 새 / 늙은이 옹 / 갈 지 / 말 마

변방 노인의 말이라는 뜻으로, '노인의 말이 달아남 ⇨ 준마와 나타남 ⇨ 아들이 말을 타다 떨어져 다침 ⇨ 아들이 전쟁에 나가지 않게 됨' 이처럼 인생은 좋고 나쁜 것이 계속 바뀌며 예측하기 어려워요.

래야야, 인라인스케이트 타게 빨리 와!

지금 가고 있어.

슝~슝

우오옷! 래야 인라인스케이트 좀 봐!

엄청 멋있어!

래야야, 어디서 그런 멋진 인라인스케이트가 생긴 거야?

며칠 전에 이벤트 응모했다가 당첨됐어.

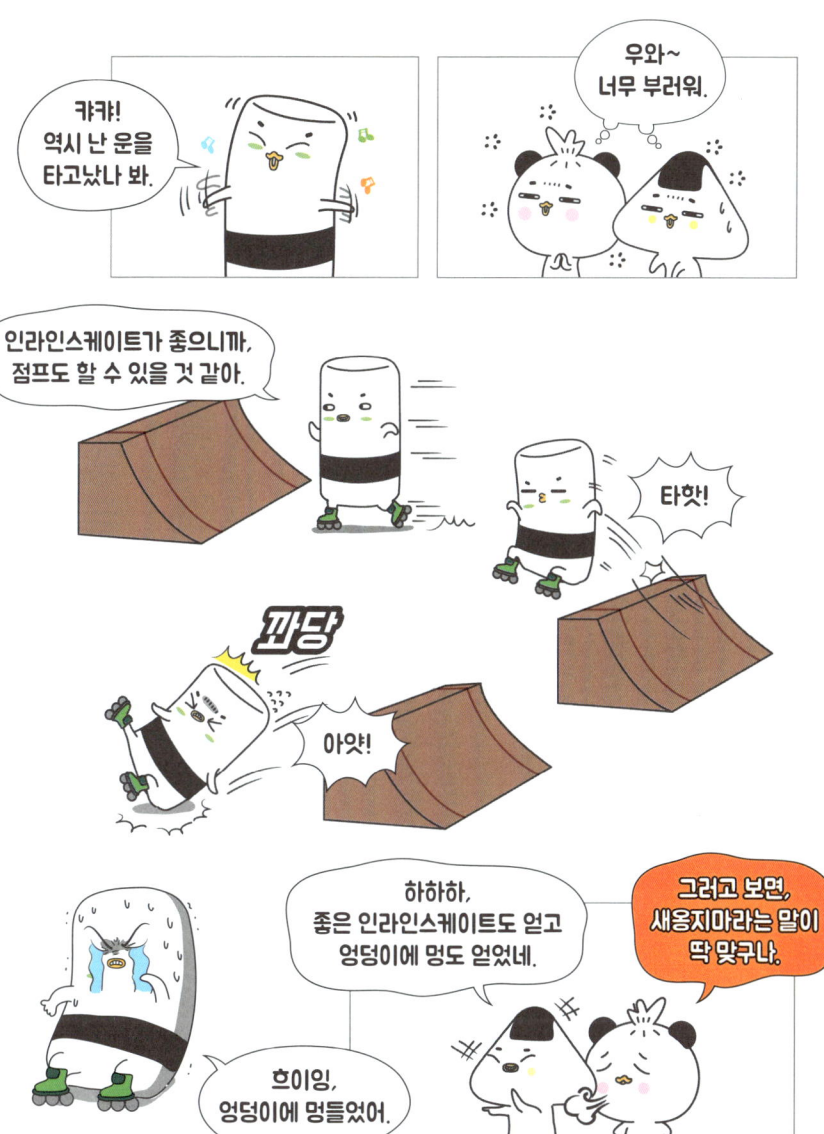

42

先見之明
선견지명

한자의 음과 뜻
먼저 선 / 볼 견 / 갈 지 / 밝을 명

앞을 내다본다는 뜻으로, 미래를 예측할 수 있는 지혜를 말해요. 마법사처럼 미래를 보는 능력을 갖춘 것이 아니라 현재 상황을 잘 파악하면 다가올 미래의 일을 예측할 수 있어요.

모래 장난은 재미있어.

쎄쎄야, 너는 모래 장난 안 하고 뭐 해?

….

난 집에 갈래!

엥? 쎄쎄가 왜 저러지?

雪上加霜
설상가상

한자의 음과 뜻

눈 설 / 위 상 / 더할 가 / 서리 상

눈 위에 서리가 더해졌다는 뜻으로, 나쁜 일이 연이어서 일어난다는 말이에요. 힘든 일을 겪고 있는데, 뒤따라 힘든 일이 이어질 때처럼 좋지 않은 상황에서 사용해요.

小貪大失
소탐대실

한자의 음과 뜻

작을 소 / 탐할 탐 / 큰 대 / 잃을 실

작은 것을 탐하다 큰 것을 잃는다는 말이에요. 넓은 시야로 세상을 봐야 나무가 아니라 숲을 볼 수 있어요. 너무 작은 것에 집착하다 보면 도리어 큰 것을 보지 못해 큰 손해를 볼 수 있답니다.

쓰레기가 많네.

쓰레기 줍느라 많이 움직였더니, 배고프다.

꼬르륵

특히 햄버거가 너무 먹고 싶어.

햄버거

햄버거

...

아 참! 집에 식빵이 있었지.

청소 이제 거의 끝났다.

45 속수무책 (束手無策)

한자의 음과 뜻
묶을 속 / 손 수 / 없을 무 / 꾀 책

손이 묶여 어찌할 방법이 없다는 뜻으로, 바로 눈앞에서 보고 있지만, 아무 일도 할 수 없는 답답한 상황을 말해요. 친구들과 야구를 하다 던진 공이 교실 창문을 향해 날아가요. 막고 싶지만 벌써 와장창.

이제 전반전밖에 안 끝났는데….

5:0으로 지고 있는 거야?

이렇게 속수무책으로 당하다니….

저기 봐, 얘들아!

축구 천재래야다!!

46 수수방관

袖手傍觀

한자의 음과 뜻
소매 수 / 손 수 / 곁 방 / 볼 관

팔짱을 끼고 본다는 뜻으로, 어떤 일에 대해 참견하거나 거들지 않고 보고만 있다는 말이에요. 요즘은 도움이 필요한 사람을 보고도 그냥 지나치는 경우가 많아요. 아름다운 사회는 적극적인 행동에서 시작돼요.

時機尚早
시기상조

한자의 음과 뜻

때 시 / 틀 기 / 오히려 상 / 이를 조

어떤 일을 하기에 아직 때가 되지 않았다는 말이에요. 걷지도 못하는 아이에게 달리기를 가르칠 수 없는 것처럼 빨리 서두르고 싶어도 적당한 시기가 되지 않으면 원하는 결과를 얻을 수 없답니다.

48 神出鬼沒
신출귀몰

한자의 음과 뜻

귀신 **신** / 날 **출** / 귀신 **귀** / 빠질 **몰**

귀신처럼 나타났다가 귀신처럼 사라진다는 뜻으로, 갑자기 나타났다가 갑자기 사라져 그 움직임을 알 수 없음을 비유하는 말이에요. 우리 반 친구 중에도 신출귀몰한 친구가 있나요?

식당

맛있게 먹어~.

돈가스 나왔다.

얘들아, 나도 같이 먹자!

여기 있는 건 어떻게 알았지?

우와!! 맛있겠다.

모네네 집

만화영화 시작한다!

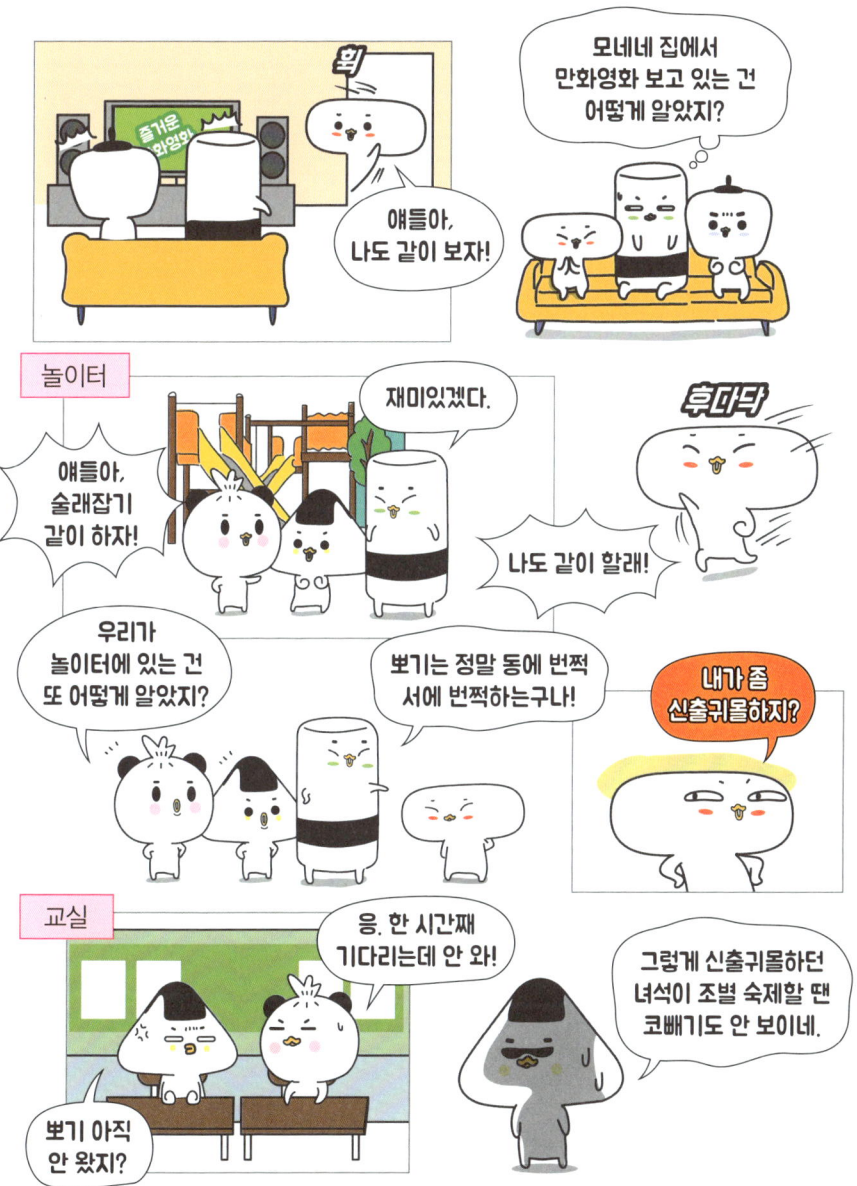

深思熟考
심사숙고

한자의 음과 뜻

깊을 심 / 생각 사 / 익을 숙 / 생각할 고

깊이 생각하고 또 생각한다는 뜻이에요. 어떤 행동을 하기 전에 생각하고 또 생각하며 다양하게 일어날 수 있는 문제들을 고려해 보아야 해요. 생각이 깊으면 행동도 그만큼 신중해진답니다.

얘들아~, 우리 게임 하자!!

좋아!

어떤 게임?

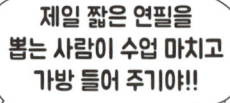

제일 짧은 연필을 뽑는 사람이 수업 마치고 가방 들어 주기야!!

十中八九
십중팔구

한자의 음과 뜻

열 십 / 가운데 중 / 여덟 팔 / 아홉 구

열에 여덟이나 아홉이라는 뜻으로, 거의 대부분이거나 틀림없음을 추측하는 말이에요. 숨겨놓은 과자가 사라졌을 때 우리 집 먹보인 동생을 생각하는 건 아주 쉬운 일이죠.

o

- 51 어부지리
- 52 역지사지
- 53 오리무중
- 54 오매불망
- 55 온고지신
- 56 와신상담
- 57 외유내강
- 58 용두사미
- 59 우왕좌왕
- 60 우유부단
- 61 우이독경
- 62 위풍당당
- 63 유비무환
- 64 이심전심
- 65 인과응보
- 66 인산인해
- 67 일거양득
- 68 일장춘몽
- 69 일취월장
- 70 임기응변
- 71 임전무퇴
- 72 입신양명

51

漁夫之利
어부지리

한자의 음과 뜻

고기 잡을 **어** / 지아비 **부** / 갈 **지** / 이로울 **리(이)**

어부의 이익이라는 뜻으로, 조개 속살을 먹으려는 도요새의 부리를 조개가 입을 다물어 안 놔주자, 옆에 있던 어부가 둘을 모두 잡았대요. 이처럼 엉뚱한 사람이 노력 없이 이익을 얻는다는 말이에요.

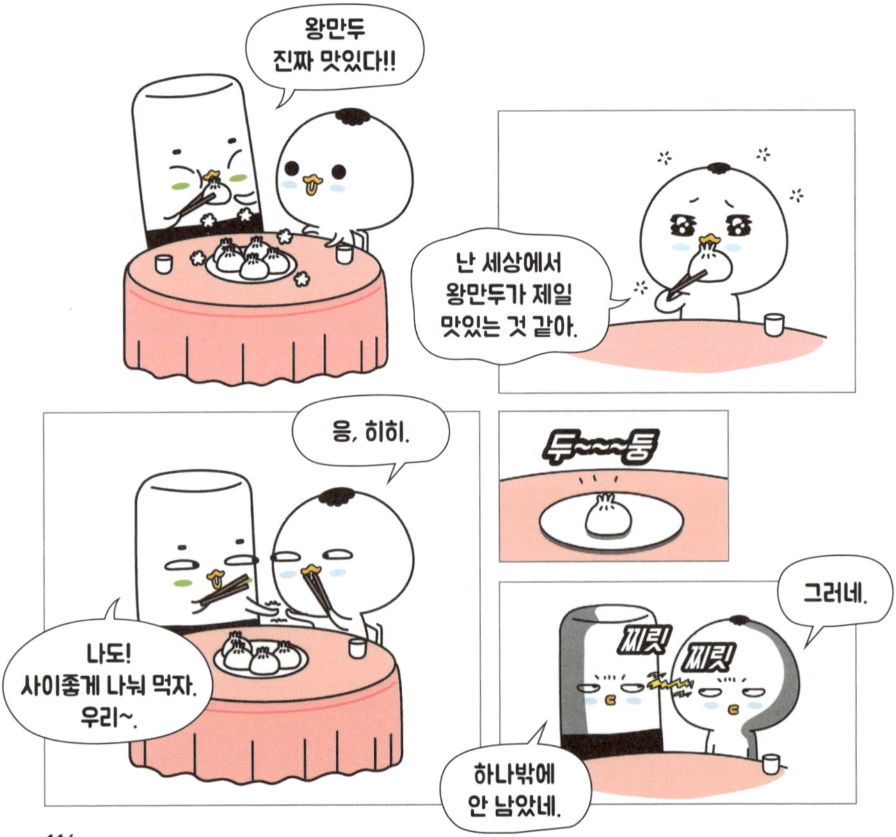

왕만두 진짜 맛있다!!

난 세상에서 왕만두가 제일 맛있는 것 같아.

응, 히히.

두~~~둥

나도! 사이좋게 나눠 먹자. 우리~.

찌릿 찌릿

그러네.

하나밖에 안 남았네.

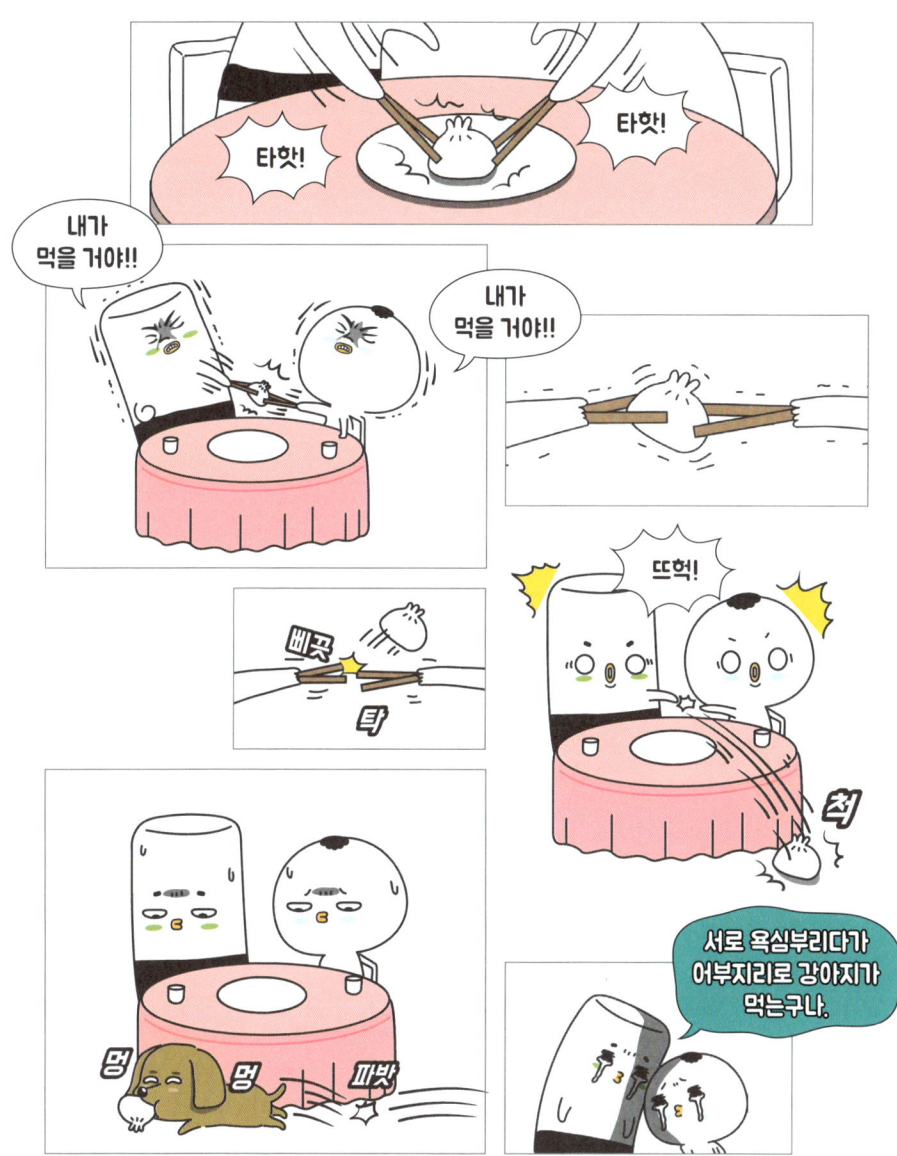

52 易地思之 역지사지

한자의 음과 뜻

바꿀 역 / 땅 지 / 생각 사 / 갈 지

서로 처지를 바꾸어 생각한다는 뜻이에요. 생각의 차이로 갈등이 생겼을 때 나는 친구의 처지에서 친구는 내 처지에서 생각해 보면 이해 못 할 일이 없을 거예요.

53 五里霧中
오리무중

한자의 음과 뜻

다섯 오 / 리(거리의 단위) 리
안개 무 / 가운데 중

5리나 되는 짙은 안개 속이라는 뜻으로, 이런 안개 속에서는 아무것도 보이지 않는 것처럼 어떤 일에 대해 전혀 갈피를 잡을 수 없는 상황을 말해요. 소중하다고 꼭꼭 숨겨둔 보물 1호, 어디로 갔을까요?

54 오매불망 寤寐不忘

한자의 음과 뜻

잠 깰 오 / 잠 잘 매 / 아닐 불 / 잊을 망

자나 깨나 잊지 못한다는 뜻으로, 매우 그리워하고 보고 싶어 한다는 말이에요. 이런 마음은 사랑하는 마음이 바탕이 되어야 생기게 돼요. 가족, 친구, 연인, 기다리고 기다리는 생일 선물처럼 말이죠.

온고지신

溫故知新

한자의 음과 뜻
쌓을 온 / 옛날 고 / 알 지 / 새 신

옛것을 익혀 새것을 알게 된다는 뜻으로, 아무것도 없던 곳에서 새로운 것이 뚝 하고 떨어지지 않아요. 옛것을 익히고 발전시키며 새것이 만들어지는 거예요. 옛것을 소중하게 생각하는 마음이 담겨 있어요.

臥薪嘗膽
와신상담

한자의 음과 뜻
누울 와 / 섶 신 / 맛볼 상 / 쓸개 담

불편한 섶에 누워 쓸개를 맛본다는 뜻으로, 목표를 이루기 위해 갖은 어려움과 고통을 참고 견디는 모습을 비유한 말이에요. '칼을 갈다.'라는 관용구처럼 복수를 준비한다는 뜻도 있어요.

57 外柔內剛 **외유내강**

한자의 음과 뜻
바깥 외 / 부드러울 유 / 안 내 / 굳셀 강

겉은 부드럽지만 속은 굳세다는 뜻이에요. 마르고 허약해 보이는 외모와 달리 굳건한 의지로 앞장서서 대중을 이끄는 모습에서 그 뜻이 그대로 느껴져요. 나는 외유내강인가요, 외강내유인가요?

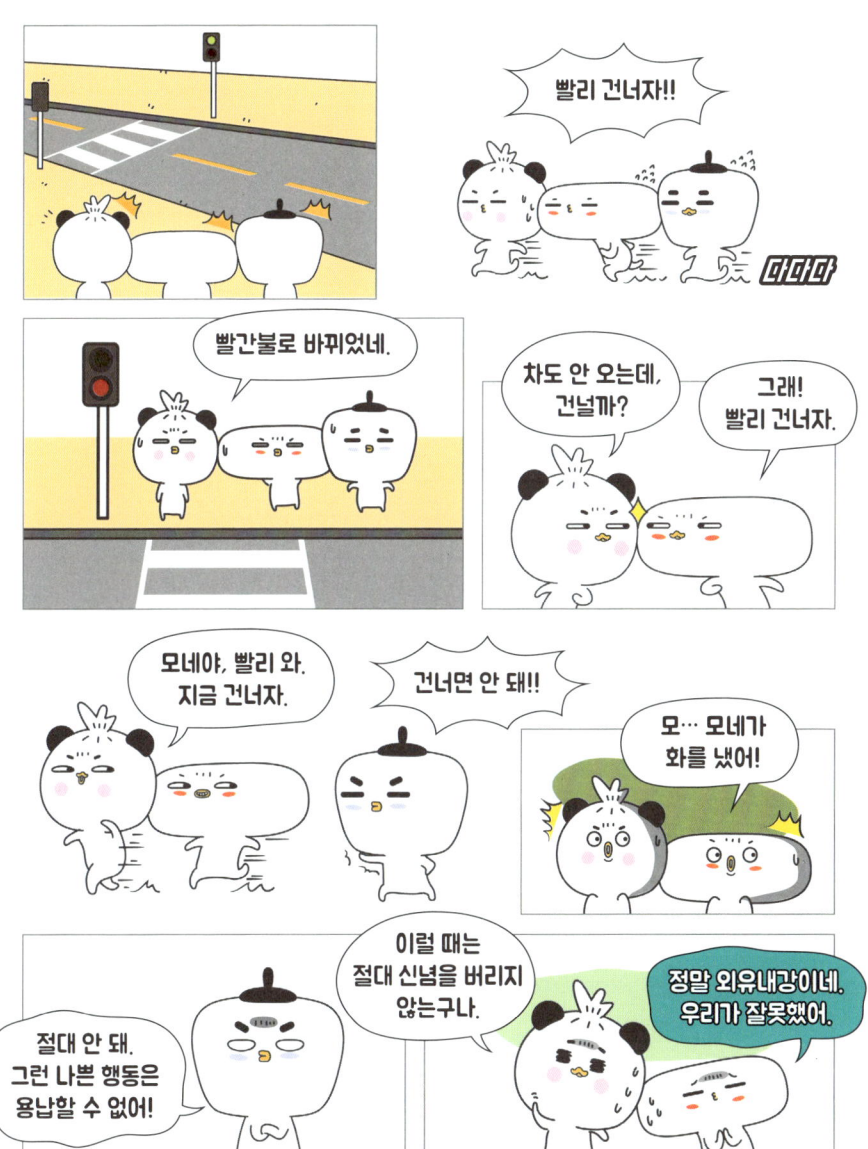

龍頭蛇尾
용두사미

한자의 음과 뜻

용 용(룡) / 머리 두 / 긴 뱀 사 / 꼬리 미

머리는 용이고 꼬리는 뱀이라는 뜻으로, 시작은 좋으나 끝이 나쁘다는 말이에요. 1월에는 새해에 이루고 싶은 대단한 계획들로 가득 차지만, 얼마 지나지 않아 계획들이 하나둘 흐지부지하게 사라져요.

59 右往左往 우왕좌왕

한자의 음과 뜻
오른쪽 우 / 갈 왕 / 왼쪽 좌 / 갈 왕

오른쪽으로 갔다 왼쪽으로 갔다 한다는 뜻으로, 일이나 나아가는 방향을 찾지 못해 이리저리 헤맨다는 말이에요. 이럴 때는 모든 일을 멈추고 생각을 정리해요. 실타래가 풀리듯 조금씩 정리가 될 거예요.

60 우유부단

優柔不斷

한자의 음과 뜻

넉넉할 우 / 부드러울 유 / 아닐 부 / 끊을 단

망설이기만 하고 결정적인 판단을 내리지 못한다는 뜻으로, 자기만의 생각 없이 이 사람이 말하면 이 사람이 맞는 것 같고, 저 사람이 말하면 저 사람이 맞는 것 같아 결정을 내리지 못하는 모습을 비유해요.

물만두로 먹어 볼까나?

아니야, 군만두가 더 좋겠지?

이번에는 달걀찜 먹어야겠다.

아니야, 달걀말이를 먹을까?

61 牛耳讀經 우이독경

한자의 음과 뜻
소 우 / 귀 이 / 읽을 독 / 글 경

소귀에 경 읽기라는 뜻으로, 소한테 좋은 이야기를 많이 들려줘도 알아듣지 못하는 것처럼 아무리 가르치고 일러 주어도 알아듣지 못한다는 말이에요. 마음을 열어야 귀가 열리고 소리가 들린답니다.

62 위풍당당 威風堂堂

한자의 음과 뜻
위엄 위 / 바람 풍 / 당당할 당 / 당당할 당

사람의 겉모습이 위엄이 있고 당당하다는 말로, 자신감이 넘치는 모습을 비유할 때 많이 사용해요. 자신감은 마음에서도 나오지만, 어깨를 펴고 고개를 꼿꼿이 든 바른 자세에서도 느껴진답니다.

有備無患
유비무환

한자의 음과 뜻
있을 유 / 갖출 비 / 없을 무 / 근심 환

미리 준비하면 걱정할 것이 없다는 뜻으로, 준비의 중요성을 이야기할 때 자주 사용해요. 시험이 코앞에 올 때까지 미루고 미루다 하는 공부보다 미리미리 공부를 해두면 시험이 부담스럽지만은 않겠지요?

64 以心傳心
이심전심

한자의 음과 뜻

써 이 / 마음 심 / 전할 전 / 마음 심

마음에서 마음으로 전해져 마음이 통한다는 뜻으로, 말로 하지 않아도 서로 느낄 수 있음을 말해요. 유난히 나와 잘 맞는 친구가 있나요? 눈빛과 표정만 봐도 그 친구가 어떤 마음인지 느껴지나요?

因果應報
인과응보

한자의 음과 뜻
인할 인 / 결과 과 / 응할 응 / 갚을 보

원인과 결과는 서로 이어져 있다는 뜻으로, 좋은 일을 하면 좋은 결과를 나쁜 일을 하면 나쁜 결과를 가져온다는 말이에요. 흥부와 놀부 이야기에서 놀부가 벌을 받는 모습이 딱 인과응보라고 할 수 있어요.

66 人山人海
인산인해

한자의 음과 뜻

사람 인 / 산 산 / 사람 인 / 바다 해

사람이 산을 이루고, 사람이 바다를 이룬다는 뜻으로, 헤아릴 수 없을 만큼 많은 사람이 모인 상태를 말해요. 새해 첫날 일출을 보기 위해 일출 명소에 사람들이 발 디딜 틈 없이 모여 있는 모습을 상상해 봐요.

— 전통시장 —

여기가 전통시장이구나.

빨리 구경하러 가자.

얘들아, 근데 저기 좀 봐.

왁자지껄 왁자지껄

사람들이 너무 많은데?

완전 인산인해잖아.

잘 피해서 가야겠어.

67 一擧兩得
일거양득

한자의 음과 뜻
한 일 / 들 거 / 두 양(량) / 얻을 득

한 번 들어 둘을 얻었다는 뜻으로, 한 가지 일을 하여 두 가지 이익을 보았다는 말이에요. 공부를 열심히 하여 시험에서 좋은 결과를 얻어 기분이 좋은데, 엄마께 용돈과 칭찬까지 받는다면 더욱더 신나겠죠.

- 여기서 소방 교육을 하는구나.
- 빨리 교육 들으러 가자.
- 룰루랄라.
- 저 녀석들, 왜 저렇게 기분이 좋아 보이지?
- 물어보자.

68 일장춘몽

一場春夢

한자의 음과 뜻
한 일 / 마당 장 / 봄 춘 / 꿈 몽

한바탕 꾸고 난 사라진 봄꿈처럼 인생의 허무함과 헛된 일을 비유한 말이에요. 노력은 하지 않고 목표만 세워 꿈만 꾸고 있으면 그 무엇도 이루어지지 않아요. 노력이라는 행동이 있어야 봄꿈이 되지 않는답니다.

日就月將
일취월장

한자의 음과 뜻
날 **일** / 나아갈 **취** / 달 **월** / 발전할 **장**

매일매일 달마다 성장하고 발전한다는 뜻으로, 어떤 일이 꾸준히 빠르게 발전한다는 말이에요. 실력이 많이 늘었다는 칭찬에 자주 사용해요. 나는 요즘 어떤 것이 일취월장하고 있나요?

70. 臨機應變 임기응변

한자의 음과 뜻
임할 **임(림)** / 틀 **기** / 응할 **응** / 변할 **변**

변화하는 상황을 파악하여 알맞게 처리한다는 말이에요. 나쁘게 말하면 둘러대기라고 할 수도 있지만, 보통 재치 있는 행동과 말을 이야기해요. '꾀만 있으면 용궁에 잡혀갔다가도 살아 나온다.'는 속담과도 통해요.

71 臨戰無退
임전무퇴

한자의 음과 뜻
임할 임(림) / 싸움 전 / 없을 무 / 물러날 퇴

싸움에 임하여 물러섬이 없다는 뜻으로, 전쟁에서 물러서지 않는다는 말이에요. 신라 화랑의 다섯 가지 계율인 세속오계 중 하나였어요. 운동 경기에서 이기기 위한 다짐을 이야기할 때도 사용해요.

立身揚名
입신양명

한자의 음과 뜻

설 입(립) / 몸 신 / 날릴 양 / 이름 명

높은 지위에 오르거나 유명해져 세상에 이름을 알린다는 뜻이에요. 세계적으로 인기를 끌고 있는 아이돌 방탄소년단이 가장 좋은 예가 될 수 있어요. 우리도 누구나 노력하면 원하는 모습이 될 수 있답니다.

ㅈㅊ
ㅌㅍㅎ

- 73 자업자득
- 74 자포자기
- 75 작심삼일
- 76 적반하장
- 77 전화위복
- 78 조삼모사
- 79 좌정관천
- 80 좌충우돌
- 81 주객전도
- 82 죽마고우
- 83 지피지기
- 84 천고마비
- 85 청출어람
- 86 초지일관
- 87 촌철살인
- 88 칠전팔기
- 89 침소봉대
- 90 타산지석
- 91 토사구팽
- 92 파죽지세
- 93 풍비박산
- 94 풍전등화
- 95 학수고대
- 96 함흥차사
- 97 형설지공
- 98 호시탐탐
- 99 화룡점정
- 100 희로애락

73 自業自得
자업자득

한자의 음과 뜻
스스로 자 / 업 업 / 스스로 자 / 얻을 득

자신의 잘못된 행동의 결과를 자기가 받는다는 뜻으로 부정적인 의미로 사용해요. 친구를 놀리고 도망가던 아이가 선생님께 부딪혀 혼이 난다거나 친구의 것을 빼앗으려다 도리어 자기 것을 잃게 돼요.

74 自暴自棄
자포자기

한자의 음과 뜻
스스로 자 / 해칠 포 / 스스로 자 / 버릴 기

자신을 스스로 포기하고 버린다는 뜻으로, 힘든 상황에서 스스로 이겨 내고자 하는 의지를 잃어 무기력한 모습을 비유한 말이에요. '포기는 배추 셀 때만 쓰는 말'이라고 하죠. 우리 모두 긍정적으로 생각해요.

75

作心三日
작심삼일

한자의 음과 뜻
지을 **작** / 마음 **심** / 석 **삼** / 날 **일**

결심이 사흘을 가지 못한다는 뜻으로, 목표한 것을 끝까지 이루지 못하고 얼마 되지 않아 흐지부지 사라져 버린다는 말이에요. 결심이 사흘을 못 간다면 매일 새롭게 결심해 보면 어떨까요?

賊反荷杖
적반하장

한자의 음과 뜻

도둑 적 / 돌아올 반 / 꾸짖을 하 / 지팡이 장

도둑이 도리어 지팡이를 든다는 뜻으로, 주인이 들어야 할 몽둥이를 도둑이 들어 잘못한 사람이 도리어 잘못도 없는 사람을 꾸짖는다는 말이에요. 억울함을 표현할 때 사용해요.

77 轉禍爲福
전화위복

한자의 음과 뜻

바꿀 전 / 재앙 화 / 할 위 / 복 복

화가 바뀌어 복이 된다는 뜻으로, 나쁜 일이라 생각했던 것이 도리어 좋은 결과를 가져왔을 때 사용해요. 학교가 끝나고 다른 친구들은 축구를 하는데 나만 집으로 왔어요. 집에 도착하니 폭우가 쏟아지네요.

78 朝三暮四 조삼모사

한자의 음과 뜻
아침 조 / 석 삼 / 저물 모 / 넉 사

옛날 중국에서 원숭이 먹이를 아침에 세 개, 저녁에 네 개를 주었더니 원숭이들이 적다고 화를 내어, 아침에 네 개, 저녁에 세 개를 주었더니 좋아했대요. 이 말은 간사한 꾀로 남을 속인다는 말이에요.

79 坐井觀天
좌정관천

한자의 음과 뜻
앉을 좌 / 우물 정 / 볼 관 / 하늘 천

우물 속에 앉아 하늘을 본다는 뜻으로, 식견이 좁고 세상 물정을 잘 알지 못하는 사람을 비유한 말이에요. '아는 만큼 보인다.'는 말처럼 책도 많이 읽고, 경험도 많이 쌓으면 세상이 넓어져요.

80 좌충우돌

左衝右突

한자의 음과 뜻

왼쪽 좌 / 찌를 충 / 오른쪽 우 / 부딪칠 돌

왼쪽 오른쪽으로 마구 부딪힌다는 뜻으로, 겁 없이 무엇에나 달려든다는 말이에요. 하나하나 계획하고 행동하는 것도 좋지만, 때로는 새로운 일에 도전해 보는 것도 좋은 경험이 된답니다.

81 主客顛倒
주객전도

한자의 음과 뜻

주인 주 / 손 객 / 거꾸로 할 전 / 거꾸로 될 도

주인과 손님이 바뀌었다는 뜻으로, 주인은 손님처럼, 손님은 주인처럼 행동한다는 말이에요. 앞뒤 순서, 역할 등이 바뀌거나 중요한 것과 중요하지 않은 것이 서로 바뀌었을 때 사용해요.

82 竹馬故友
죽마고우

한자의 음과 뜻

대 죽 / 말 마 / 옛날 고 / 벗 우

대나무 말을 타고 놀던 친구라는 뜻으로, 어릴 때부터 함께 자란 오래된 친구를 말해요. 죽마고우가 없다고 서운해하지 마세요. 지금 곁에 있는 친구가 어른이 되었을 때 죽마고우가 되어 있을 거예요.

83 知彼知己
지피지기

한자의 음과 뜻
알 지 / 저쪽 피 / 알 지 / 자기 기

적을 알고 나를 알아야 한다는 뜻으로, 운동 경기에서 상대 팀의 강점과 약점을 잘 알고, 나의 강점과 약점을 잘 알고 전략을 세우면 언제나 승리할 수 있어요. 하지만 상대를 제대로 알지 못하면 이기기 어렵답니다.

방과 후 축구 시합 있는 거 알지?

이번에야말로 반드시 이겨 주겠다.

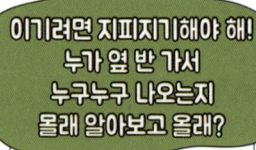
이기려면 지피지기해야 해! 누가 옆 반 가서 누구누구 나오는지 몰래 알아보고 올래?

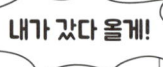
내가 갔다 올게!

天高馬肥
천고마비

한자의 음과 뜻
하늘 천 / 높을 고 / 말 마 / 살찔 비

하늘은 높고 말이 살찐다는 뜻으로, 높고 푸른 하늘과 곡식이 익어 풍요로운 계절인 가을을 말해요. 낙화유수-봄, 녹음방초-여름, 북풍한설-겨울처럼 계절마다 자연을 그대로 담아 표현했어요.

85 청출어람

青出於藍

한자의 음과 뜻
푸를 청 / 날 출 / 어조사 어 / 쪽 람(남)

물을 들이는 재료인 쪽잎보다 잎에서 뽑아낸 물감이 더 푸르다는 뜻으로, 가르침을 받은 제자가 발전하여 스승보다 뛰어난 모습을 비유한 말이에요. 이 말은 칭찬 중 최고의 칭찬이라 할 수 있어요.

86 初志一貫
초지일관

한자의 음과 뜻
처음 초 / 뜻 지 / 한 일 / 꿸 관

처음 세운 뜻을 끝까지 밀고 나간다는 뜻으로, 변함없는 한결같은 모습을 비유하는 말이에요. 내가 이루고자 하는 일이 있다면 원하는 결과를 얻을 때까지 처음 가졌던 마음으로 끝까지 노력해야 한답니다.

87 촌철살인

寸鐵殺人

한자의 음과 뜻
마디 촌 / 쇠 철 / 죽일 살 / 사람 인

작은 쇠붙이로 사람을 다치게 할 수 있다는 뜻으로, 마음이 담긴 짧은 말로 다른 사람에게 감동을 주거나 약점을 찌를 수도 있다는 말이에요. '말 한마디에 천 냥 빚을 갚는다.'는 속담처럼 말의 힘은 대단해요.

88 七顚八起 칠전팔기

한자의 음과 뜻
일곱 칠 / 넘어질 전 / 여덟 팔 / 일어날 기

일곱 번 넘어져도 여덟 번 일어난다는 뜻으로, 많은 실패에도 포기하지 않고 끝까지 노력한다는 말이에요. 노력은 성공의 어머니라고 했어요. 끝없는 노력은 꼭 원하는 것을 가질 수 있게 한답니다.

89 針小棒大 침소봉대

한자의 음과 뜻
바늘 침 / 작을 소 / 막대 봉 / 큰 대

작은 바늘을 큰 몽둥이라고 한다는 뜻으로, 작은 일을 크게 과장해서 말하는 것을 비유하는 말이에요. 말을 할 때 표정이나 행동이 과장되면 이야기를 재미있게 만들지만, 이야기가 과장되면 허풍이 돼요.

他山之石
타산지석

한자의 음과 뜻

다를 타 / 산 산 / 갈 지 / 돌 석

다른 산에서 나는 나쁜 돌이라는 뜻으로, 다른 사람의 잘못된 행동이나 말도 잘못된 것을 찾아 자신을 바르게 하는데 도움이 될 수 있다는 말이에요. 잘못을 보고 바르게 고치려는 노력이 필요해요.

91 토사구팽

兔死狗烹

한자의 음과 뜻

토끼 토 / 죽을 사 / 개 구 / 삶을 팽

토끼가 죽어 사냥개가 필요 없게 되자 주인에게 잡아먹힌다는 뜻으로, 자신이 필요할 때는 이리저리 부리다가 필요 없어지면 가차 없이 버린다는 말이에요. 사람이든 물건이든 그래서는 안 되겠지요?

92 破竹之勢
파죽지세

한자의 음과 뜻

깨뜨릴 파 / 대 죽 / 갈 지 / 형세 세

대나무를 쪼개는 기운찬 모습처럼 적을 거침없이 무찌르며 들어가는 모습을 비유하는 말이에요. 상대가 되지 않을 만큼 강한 힘을 가졌다는 표현으로 사용해요.

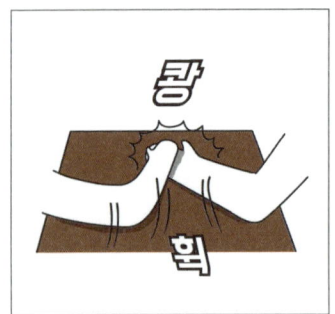

93 風飛雹散
풍비박산

한자의 음과 뜻

바람 풍 / 날 비 / 우박 박 / 흩을 산

바람이 불어 우박이 흩어진다는 뜻으로, 강한 바람에 물건들이 이리저리 모두 날아가 흩어진 모습을 비유하는 말이에요. 모든 것이 부서지고 사라져 아무것도 남지 않은 모습을 표현할 때 사용해요.

94 風前燈火
풍전등화

한자의 음과 뜻
바람 풍 / 앞 전 / 등 등 / 불 화

바람 앞의 등불이라는 뜻으로, 바람이 불어 언제 꺼질지 몰라 흔들거리는 등불처럼 위태로운 상황을 말해요. 무슨 일이든 미리미리 준비하여 이런 상황이 오지 않도록 해야겠지요?

95 鶴首苦待
학수고대

한자의 음과 뜻

학 학 / 머리 수 / 오래 계속될 고 / 기다릴 대

학의 목처럼 목을 길게 빼고 기다린다는 뜻으로, 무엇인가를 몹시 기다리는 모습을 표현할 때 사용해요. 좋아하는 친구에게 보낸 연애 편지에 답장이 언제 올지 몰라 두근거리며 기다리는 마음과 같겠죠.

두야야, 같이 가!

모네야, 오늘이 수요일이지?

응. 수요일이야, 왜?

빨리 토요일이 왔으면 좋겠어.

96 咸興差使
함흥차사

한자의 음과 뜻
다 함 / 일 흥 / 어긋날 차 / 부릴 사

함흥으로 심부름을 하러 간 차사가 돌아오지 않아 답답한 마음을 비유하는 말이에요. 떠난 사람이 소식이나 연락을 하지 않아 감감무소식일 때 자주 사용해요. 이럴 때면 무척이나 답답하고 걱정이 될 거예요.

97 螢雪之功 형설지공

한자의 음과 뜻

반딧불이 **형** / 눈(흰) **설** / 갈 **지** / 공로 **공**

옛날 한 소년이 밤에도 책을 읽고 싶어 반딧불이를 잡아 그 불빛으로 책을 보았다는 이야기에서 유래되었어요. 힘든 상황에서도 열심히 공부하는 모습을 비유하는 말로 자주 사용해요.

98 虎視眈眈 호시탐탐

한자의 음과 뜻
범 호 / 볼 시 / 노려볼 탐 / 노려볼 탐

호랑이가 무섭게 눈을 뜨고 먹이를 노려본다는 뜻으로, 기회를 놓치지 않기 위해 날카로운 눈빛으로 상황을 지켜보는 모습을 비유하는 말이에요. 내가 호시탐탐 노리고 있는 것은 무엇인가요?

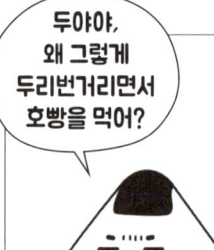
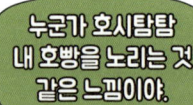

99. 畫龍點睛 화룡점정

옛날 용을 그리던 사람이 마지막으로 눈동자를 그려 넣었더니 진짜 살아서 날아갈 것 같았다는 이야기에서 유래되었어요. 이 말은 가장 중요한 부분을 완성한다는 뜻이에요.

한자의 음과 뜻
그릴 화 / 용 룡(용) / 점 점 / 눈동자 정

喜怒哀樂
희로애락

한자의 음과 뜻

기쁠 희 / 성낼 로(노) / 슬플 애 / 즐길 락(낙)

기쁨과 노여움, 슬픔과 즐거움이라는 뜻으로, 사람이 가진 모든 감정을 말해요. 감정은 안으로 숨기기보다 밖으로 표현해야 다른 사람이 알 수 있어요. 속상한 일이 생기면 당사자에게 왜 내가 속상한지 꼭 말해요.

4판 6쇄 2025년 8월 11일
초판 1쇄 2018년 12월 20일

글·그림 한날

펴낸이 정태선
펴낸곳 파란정원
출판등록 제395-2010-000070호
주소 서울특별시 은평구 가좌로 175, 5층
전화 02-6925-1628 | **팩스** 02-723-1629
제조국 대한민국 | **사용연령** 8세 이상 어린이
홈페이지 www.bluegarden.kr | **전자우편** eatingbooks@naver.com
종이 다올페이퍼 | **인쇄** 조일문화인쇄사 | **제본** 경문제책사

글·그림ⓒ2018 한날
ISBN 979-11-5868-153-1 73710

이 책은 저작권법에 따라 보호받는 저작물이므로 무단 전재와 무단 복제를 금지하며,
이 책 내용의 전부 또는 일부를 이용하려면 반드시 저작권자와 파란정원(자매사 책먹는아이·새를기다리는숲)의 동의를 얻어야 합니다.
*잘못된 책은 구입하신 서점에서 바꿔 드립니다.

신비한 사전

김지호 외 글·그림 | 초등 전학년

마음이 담긴 말 한마디

마음이 담기지 않은 말은 소리와 함께 사라져 버리지만,
마음이 담긴 말은 마음의 크기에 따라 영원히 가슴 속에 남는다.
마음에서 마음으로 전해지는 신비한 말의 마법을 배운다.

'왜 그럴까?'에서 시작하는
아주 기특한 상식 이야기

〈초등학생이 딱 알아야 할 상식 시리즈〉는 교과서 속에 실린 내용을 중심으로
우리가 꼭 알아야 할 과목별 상식 이야기를 담고 있습니다.
'왜 그럴까?'라는 호기심에 대한 궁금증을
쉬운 설명과 재미있는 일러스트로 알려 주어
외우려고 노력하지 않아도 개념과 원리를 쉽게 이해할 수 있습니다.

조영경 외 글 | 홍나영 그림 | 224쪽 | 각 권 13,000원